[Nossa Éditions]

Nous avons des pierres nous aussi
Luiza Romão

Traduit du portugais [Brésil] par Eloisa Del Giudice

(...) *la résolution était prête, fondue,*
trempée, martelée en forme de lance.
Je veux rester témoin, n'y eût-il plus aucun
être humain pour solliciter mon témoignage.
CHRISTA WOLF, *Cassandre*, traduit de l'allemand par
Alain Lance, Éditions Alinéa, 1985.

iphigénie

la littérature occidentale est née d'une guerre
non la brume des grandes cités
depuis longtemps presque j'entends peut-être
la littérature occidentale est née d'un massacre
tu le sens à plein nez comme quelqu'un qui navigue
vois le livre reste ouvert
c'est à mon tour de raconter
ce pacte il n'en reste que des pierres
et des fleuves sous l'asphalte ce brouillard
ils l'appellent sanctuaire maintenant
le sperme sur les lèvres sec
avant la première lettre
avant le premier trait
quelqu'un déjà implorait miséricorde
la chanson je suis prête
les enfants aussi ont besoin de dormir

agamemnon

je te reconnais dans le colonel
netanyahou donald trump napoléon
ta bave est celle des banquiers
aucune excuse pas même aux enfants
    en rang sur la terre battue
plus de moyens mais peu importe
vaincre la lutte une fois par semaine
notre fille
la chance : il y a toujours une église
pour expier ses péchés
bien que des milliers de morts
bien que la faim
bien que
la chance : il y en a toujours une qui résiste
notre force précaire nos vieilles chansons
toi aussi tu es condamné

homère

les grecs ont été capables de

[barres noires]

des milliers de troyens

cependant
dans le dernier chant de l'iliade
achille rend à priam
le corps de son fils hector

aujourd'hui à cet instant
dans le sud du sud du monde
on n'a encore aucune nouvelle
des deux cents et plus disparus
de la dictature militaire

un corps est un certificat de barbarie

même les grecs connaissaient la pitié

diomède

il y a plusieurs façons de tuer un homme
presque toutes ancestrales
on te l'a appris homme qui rit ne va pas au ciel
rien pour t'envahir les trous
pas même la passion
homme qui chouine ne guide pas d'empires
elle était sur son chemin quoique déesse
la pauvre aux pieds d'un temple
c'était ton allié criant vengeance
tu jouis en fourrant la lame
nous avons inventé la poudre mais pas le désespoir

polyxène

c'était il y a plus de trois mille ans hier
c'était le sable et ils transportaient des flèches
c'était la musique et ils burent un peu trop
c'était la tombe et la folie
être un appât et cacher sa douleur
je connais cette cicatrice
s'il y avait des preuves aucune différence
tu as fait ce que tu as pu
ni cette chambre ni nos cousins
ni l'agent qui prenait les empreintes
la honte vient au galop
au moins on a gagné la guerre
même pas

patrocle

peur de renverser d'être renversée
dernièrement le futur est si mortifère sweet
une nouvelle apocalypse à l'approche
virus jazz multitudes nomades à travers le continent
tuer ressemble à un tournesol
on t'a frappé trois fois
il a fallu aussi le dévêtir
dieux terribles et un couteau dans le dos
tu pourchasseras le bourreau des siècles durant
en rêve dans la file du supermarché
dans les éjaculations précoces
quelqu'un pour te venger ça au moins
aujourd'hui il suffit d'un ordre
pour dîner en paix

énée

nul ne survit impuni
éternellement lâche
éternellement perspicace
mon père aussi ou était-ce mon grand-père
a levé l'ancre au premier bombardement
j'ai peur des incendies c'est sûrement pour ça
que je vérifie le gaz trois fois avant de me coucher
tes épaules tes cuisses
ces mots virils
je ne sais même plus comment t'appeler
un homme sans violence
un taureau même pas en rêve
on t'a montré du doigt tu as pris la fuite
on a fait pire qu'eux

ilion

des troyens était la guerre
ceci est aussi irréfutable
que la beauté de tes yeux
des troyens était la guerre
ceci est aussi irréfutable
que l'âpreté de l'obélisque
en plein viaduc costa e silva*
des troyens était la guerre
mais les dieux étaient grecs
et le poète aussi
et quelques troyens

---

* Le *Minhocão*, dont le nom officiel est Via Elevada Presidente João Goulart, est un viaduc autoroutier de São Paulo. Jusqu'en 2016, il a porté le nom de Via Elevada Presidente Costa e Silva, en hommage à Arthur da Costa e Silva, maréchal des forces armées brésilienne et leader de la dictature militaire.

priam

on dit détruit et pas détroie
pas même dans le verbe dans l'anéantissement total
la ville ne survit
nous n'avons pas réussi à te protéger
les testicules jetés aux chiens
au feu un vieillard compte les bonbons
nous savions dès le début
a) ils parlent la même langue
b) ils définissent ce qui est classique
c) les sommets sont trop hauts pour la voix humaine

antiloque

n'emmène rien pour aucune raison jamais
le moment venu laisse derrière toi
le nom de tes fils
la dot en point de croix
les feutres faber castell
tout ce qui peut être cryptographié
les résolutions du nouvel an les chattes siamoises
ta tante détestait-elle jane austen ?
ton père était-il supporter du river ?
jette tout y compris les miettes
ta haine du miroir

ajax

I.

surtout n'ose pas dire que tu regrettes ou que tu as peur de devenir fou ███████████████
████████████████ mon pauvre sarajevo des pailles des disques durs sur le fond de l'océan la fièvre les orphelins l'infection demande une autre tournée c'est fini la bibliothèque l'aéroport les cinémas les lotissements une dose de jus de citron il n'y a que ta progéniture qui reste intact ████████████
████████████████████████████████

tu n'étais pas venu ici pour ça six glaçons défricher l'amérique cap sans escale sur l'océan indien ouvre un whisky tolère tes fantasmes ce n'était pas █████
████████████████████████████████
████████████████████████████████

la parole divine l'écriture sacrée les technologies un bouquet de menthe ████████████████████
████████████████████████████████
████████████████████████████ sur son compte monsieur aujourd'hui on fête la victoire

II.

la destruction est brève mais l'enfer continu

ulysse

rien de tel qu'une bonne histoire à raconter
s'éprendre de la douleur garder sa chemise propre
une légion de fans pour t'honorer
regarde-le le magnifique
regarde-le les prouesses
qui d'autre pour bâillonner les sirènes ?
sans triche peut-il y avoir la victoire ?
dans la presse on parle d'accords d'état d'urgence
ta photo publiée avec des diplomates ricains
sans son heaume en sanglier
on dirait presque un homme digne
sans le ghostwriter on dirait presque que c'est vrai

polyphème

personne ne t'a éborgné
ce n'était pas ulysse
cette nuit-là le policier n'avait pas son numéro d'identification

protésilas et laodamie

le héros qui pose le pied sur mars
                               sa statue forgée dans le bronze

le héros qui monte à la mort
                               incapables ou veuves

le héros qui tue en premier
                               se dresser au bûcher funéraire

le héros qui en dernier
                               encourager le vent

briséis

d'abord nous avons oublié comment dire « champs de maïs »
peut-être parce qu'à cette époque méconnaissables étaient
les grains dans leurs emballages métalliques
puis nous avons oublié comment écrire « législature »

une langue assiégée
bénédiction de mère onguent rétine
nous avons perdu les voyelles puis les fleuves
et à la fin plus personne n'est tombée enceinte

hécube

le premier étudiait la biologie
les jumeaux aimaient le rock
le neuvième n'a pas été baptisé
le plus grand était allergique
le barbu parlait en dormant
ceux du milieu jouaient au hockey
le benjamin était dyslexique
le seizième préférait les garçons
ceux avec les cheveux courts travaillaient en ville
le huitième chaussait du quarante-trois
les plus petits mangeaient en cachette
le centième est né en octobre

oui monsieur
c'était tous mes enfants
maintenant dégage

hector

tu soupçonnais déjà amore moi aussi
manquer l'ennemi est tout aussi fatal que l'atteindre
on n'a jamais eu aucune chance
et malgré tout tu m'emmenais
au cinéma les mercredis
une mer de cannes à sucre qui envahissait l'horizon
fiction disaient-ils
le futur sera transgénique lol

j'ai grandi parmi des hommes
je sais quand ils ont soif
quand ils jouent les complices
quand ils changent de sujet languissant le pouvoir
certains matins je peux même les surpasser
mais toi tu ressemblais plus à un agneau

ainsi soit-il
j'aiguiserai tes os
franchir la frontière
un mur du texas jusqu'en arizona
personne ne se souviendra de toi en héros
et c'est très bien comme ça

pâris

on ne t'a pas prévenu i'm so sorry
personne n'a pensé à te le dire
un homme qui choisit l'amour
ne peut être racheté
qu'il frotte à l'acétone
les dents de sa sœur
qu'il mette le feu à quarante-trois
araucarias en voie de disparition
qu'il cloue au salon
la carcasse du dernier buffle

tout ça you know
tout ça se comprend
mais un homme qui choisit l'amour
c'est impardonnable

ménélas

```
G                              Am
tu m'as quitté sous la pluie comme un chien
G
j'étais le soleil et toi ma lune
Am
dans ta main il n'y a que ma main
G                              Am
tu préfères être veuve ou être à moi
```

```
G/B       C
tu ne peux ne pas m'aimer
G/B       C
tu ne peux ne pas me désirer
Em        Am
moi je pourrais même mourir
C         Am
de voir un autre t'embrasser
C         Am
de voir une autre te mordiller
G         Am
je ne pourrais le supporter (2×)
```

hélène

I.
si ce n'est pas elle
tuyaux en aluminium dans la banlieue de bagdad
danses sataniques
épices piquantes et magenta

II.
je soupçonne la femme la plus belle du monde
la femme universelle qui l'eût cru belle si belle

n'a jamais mis les pieds à troie

III.
allez un peu d'originalité
au moins
chienne ça fait old school

IV.
je soupçonne la femme la plus belle du monde
la femme universelle qui l'eût cru belle si belle

n'a jamais mis les pieds sur terre

V.
c'est que leur attack ça ne vaut rien

achille

je veux bien vas-y je dis oui
mais d'abord
montre-moi ton talon

thétis

ce ne sont pas des pères bien qu'ils aient des enfants
car ils aiment être les enfants dirait le chanteur
todo homem precisa de uma mãe
tous les hommes ont besoin d'une mère
une mère pour bercer leurs pleurs et leurs caprices
une mère pour leur couper les ongles et réchauffer la soupe
une mère pour leur tailler des pipes et les conduire à l'autel
une mère pour leur donner des enfants sains et bien-élevés
leur nez leur bouche leur façon de râler
des enfants formidables et leurs pères tout crachés
mais jamais à eux

sarpédon

comment veiller le jeune homme sans sa tenue préférée
un cercueil fermé quand beaucoup
j'ai connu de grands magasins qui portent son nom
il n'y avait pas de place pour la pierre tombale
mieux vaut faire un tour ont-ils suggéré
on n'est pas tous fils de roi
on ne tombe pas tous du ciel

zeus

comme quoi cette histoire de viol
n'est pas une exclusivité des hommes

athéna

il fallait que ce soit l'une d'entre nous la plus louve
des dattes juteuses dans les poches
et un casque à pâlir d'envie
il fallait que ce soit l'une d'entre nous la plus efficace
des bluffs précis dans ses manches de poker
il fallait que ce soit l'une d'entre nous
forcément
comme ça ils trouveraient une justification
elle aussi était présente
elle aussi a signé la juridiction
elle aussi a demandé des renforts
et elle s'est réjouie
ses sentences ses lois
satisfaite interrogation
tu nous as toutes livrées
et tu n'as pas demandé de reçu

nestor

LE CÉDANT (S): ███████████, marié, attaché comptable, passeport n° ███████████, marié sous le régime de la communauté universelle des biens avec ███████, nationalité brésilienne, femme au foyer, passeport n° ███████████, résidents et domiciliés ███, à ██████, État de ███████████████, identifiés dans ce contrat sous le nom de **CÉDANTS**.

LE CESSIONNAIRE ███████████, ███████████
███
███
███
████ identifié dans ce contrat comme **CESSIONNAIRE**.

OBJET : ███████████████████████████████████
███
███
███
███
███
███
███
███

Pour ce contrat particulier de **TRANSFERT DE PROPRIÉTÉ ET DE JOUISSANCE,** ils ont, entre eux, en présence de témoins, convenu ce qui suit.

penthésilée

I.
laisser la nuit tomber dans tes yeux
la bouche pleine de terre
cervelles intestins dans les mains
le foutre mouille ton cadavre
ils ont écrit patriarcat sur les chars

II.
on a cru qu'ils avaient des limites

III.
aujourd'hui on appelle amazones des dames longilignes
aujourd'hui on appelle amazones des bourges à éperons
mais ta gorge dans mes oreilles éveillées
qu'on nous arrache les membres
acte civilisateur numéro cinq
tu nous as insufflé le courage
reluisant et pérenne
comme le bronze qui affronte les tyrans
comme la biche qui reçoit la tempête
comme des fillettes qui inventent des épopées

cassandre

faut que tu comprennes meuf annoncer le malheur
ce n'est pas y remédier
d'abord tu diras c'est pourri
après en experte
tu racleras de la peau la pulpe gluante
le lisier se répand
il y a des champignons préhistoriques
il y a des champignons bénis
c'est pourri répéteras-tu didactique

eux continueront de se curer les doigts de pied

peut-être pleureras-tu peut-être t'arracheras-tu
du pubis au menton tous les poils
une femme carbonisée au milieu de l'avenue
peut-être montreras-tu des rapports de l'ibama*
la photographie aérienne d'enfants vietnamiens
des faits autrefois incontestables
des faits autrefois nunca más

eux continueront de se curer les doigts de pied

* IBAMA (*Instituto Brasileiro do Meio Ambiente e dos Recursos Naturais Renováveis*), Institut brésilien de l'Environnement et des Ressources naturelles renouvelables.

peut-être te traitera-t-on de folle ou de naïve
innombrables sont les façons
de rabaisser une femme
what ? c'est du grec
c'est pourri tes seins en feu
malgré ça
ils vont s'en mettre plein la lampe

andromaque

je n'ai jamais vu troie
ruines en plus ruines en moins
nous avons des pierres nous aussi
de l'autre côté de l'océan
tout ce que j'ai appris c'est dans cet alphabet moderne
voilà le moment apothéotique mon obsession
troie nos dépouilles
troie mes amies acculées
sur le bureau du patron
troie fête de luxe la jeune un sac poubelle sur le visage
troie les cafards rongeant le cul
de la guérillera communiste
troie le photographe un tir en pleine gueule
troie les corps jetés dans le marécage
troie les chefs persécutés
troie les victimes de féminicide
les soldats les fascistes les tyrans
ont tous tiré contre troie
la philosophie le droit l'occident
naissent de la destruction de troie
tu comprends maintenant pourquoi je suis revenue ?
je n'ai jamais vu troie mais je l'aperçois splendide
dans les caresses clandestines sous les bombes
et le gaz lacrymogène sur les barricades
dans les cliniques pour avorter dans les abris

inattendus dans la désobéissance
dans le coin oui dans le coin
je ne me rendrai pas
tu cries je répète
à travers les siècles
ma sœur
pour toi point de poèmes
pas une ligne sur cybèle
où on a perdu la raison quand c'est devenu un spectacle
maudite soit la littérature et son panthéon de victoires
serre-moi fort l'explosion est proche
qu'elle arrive

Conception et réalisation éditoriale :
Marcia Tiburi
Simone Paulino
Gabriela Castro

Traduction : Eloisa Del Giudice
Relecture : Iris Berger Peillon, Luana Azzolin, Raquel Camargo

Conception graphique : Bloco Gráfico
Production graphique : Marina Ambrasas

Assistantes éditoriales : Gabriel Paulino, Renata de Sá
Assistante de conception graphique : Stephanie Y. Shu, Letícia Zanfolim

Dépôt légal : septembre 2023
Imprimé au Brésil par Margraf
Nº d'éditeur 494346
—
ISBN [FRANCE] 978-2-494346-02-4
ISBN [BRASIL] 978-85-69020-99-8